O PREÇO DO DINHEIRO
O PODER DA MULTIPLICAÇÃO
EDINHO NEVES

O PREÇO DO DINHEIRO

O QUE ESSE LIVRO FARÁ POR VOCÊ

Nesse livro você irá conhecer a história do dinheiro e os pilares da economia, o que mudará seu entendimento em relação ao dinheiro.

Através da criação de personagens o autor exemplifica as situações para melhor compreensão do conteúdo, tornando assim uma didática menos técnica e mais realista, o leitor entenderá de forma simples as atividades econômicas mundiais.

SUMÁRIO

O PREÇO DO DINHEIRO

O PREÇO DO DINHEIRO

AOS LEITORES

Dedico está obra a todos os leitores que estão dispostos a mudar seus dias nublados por dias mais felizes.

Jamais desistam de seus sonhos, mantenham seus corações batendo com alegria a cada conquista, escolhendo por viverem suas vidas como uma única existência.

O PREÇO DO DINHEIRO

PREFÁCIO

O interesse por economia estava de alguma forma gravado na sua mente, há 10 anos estudando investimentos, o autor, um dia recordou em sua memória o menino de 13 anos que amava futebol, mas era atraído fortemente em ler o caderno de economia do jornal mesmo sem total compreensão.

Começou a trabalhar bem jovem, poupar era a única forma, naquele momento, que conhecia de fazer dinheiro, e foi assim que logo montou sua primeira empresa.

Foi aos 28 anos atuando como empresário que conheceu de perto a falta desse real aprendizado em economia, precisando se recuperar financeiramente conheceu o mundo dos investimentos iniciando seus estudos, e sentia que estudar era fundamental para o seu sucesso financeiro, com o tempo novas conquistas traziam uma vontade enorme de ensinar ao mundo seus aprendizados.

Então, nesse livro, o autor deseja despertar em você leitor, uma nova relação com o dinheiro, assim como foi no início da sua jornada financeira independente. O autor expõe aqui conhecimentos que avalia primordiais para melhores decisões, pois se soubesse disso desde no início da sua busca, facilitaria sua jornada.

A importância do conhecimento em economia pouco acessível, não se aprende em escolas, e é isso que o preço do dinheiro lhe trará, de forma simples, Edinho Neves explica esse amplo conhecimento alicerçando sua trajetória financeira.

O PREÇO DO DINHEIRO

INTRODUÇÃO

Júlio era um fazendeiro que produzia batatas, João em sua fazenda produzia tomates e José criava gados produzindo carnes, como variamos alimentos, Júlio, José e João não eram diferentes, porém naquele tempo não existia dinheiro em papel, a opção era trocar produtos, isso fazia Júlio trocar suas batatas por carne com José, assim José precisaria aceitar a troca para que Júlio pudesse comprar a carne pagando José com suas batatas, da mesma forma, João com sua produção de tomates necessitava da troca para suprir o desejo de consumir alimentos diferentes que ele produzia, o que levou a negociar com Júlio e José. Nos dias de hoje usamos o dinheiro, um pedaço de papel no qual, vinculado à economia de um determinado país, nos proporciona o poder de compra, avaliado e garantido pelo país emissor desse papel. Mas nem sempre foi assim, séculos atrás tudo que era consumido ou adquirido pelas pessoas através de trocas de produtos. Algo bastante inusitado nos dias de hoje, então vamos lá iniciar a exemplificação através desses personagens para entendermos melhor como funciona o dinheiro na economia.

O PREÇO DO DINHEIRO

CAPÍTULO 1.

HISTÓRIA DO DINHEIRO

Durante centenas de anos os negócios foram acordados dessa forma, até a chegada de Luiz um produtor de sal, com uma brilhante ideia propondo à Júlio, José e João a concentração de seus produtos em uma única moeda de troca, o sal.

O sal era um produto utilizado por toda a população, pensando assim, Luiz criou uma espécie de armazém, como um supermercado, e os produtores à medida que finalizavam suas produções levavam seus produtos para o armazém de Luiz trocando-os por uma quantidade respectiva de sal.

Quando sentiam a necessidade de consumir outro produto fora de sua produção, bastava levar um montante de sal até o armazém e escolher o produto de sua preferência, efetuando o pagamento com a quantidade de sal correspondente mediante a produtividade, Júlio, José e João, isso com o passar dos tempos fizeram todos acumular sal em suas casas, a quantidade de sal recebida com relação a venda de seus produtos para o armazém de Luiz era maior que a quantidade consumida, assim cada um possuía um salário, (grande quantidade de sal) dentro de suas casas, foi a partir deste fato que surgiu a palavra salário, que passou a ser usada como forma de pagamento por serviços prestados, no qual desde então a grande maioria das pessoas passam a vida correndo atrás até os dias atuais.

Mas a falta de espaço e a quantidade de sal acumulada passou a ser um problema de armazenamento e o ouro e a prata, metais preciosos de difícil acesso, substituíram as formas de pagamentos, assim o sal deixou de ser uma moeda de troca passando a ser apenas mais um produto na prateleira do armazém.

Apenas um pequeno pedaço de ouro ou prata poderiam proporcionar suas compras, no entanto, e outro problema foi detectado, o alto valor desses metais passou a atrair pessoas má intencionadas. A alta procura ocasionava riscos de roubos e furtos no momento de transportá-lo ou de mantê-los nos estabelecimentos que acabavam por receber o ouro e prata como forma de pagamento. Anos mais tarde e depois de muitos ataques algo precisava ser feito para solucionar as frequentes tentativas de roubo.

Assim a fantástica capacidade em solucionar problemas que o ser humano possui, fez com que Lucas tivesse uma brilhante ideia criando um armazém para depositar ouro e prata, conhecido mais tarde como banco.

A partir de então os bancos passaram a emitir um título com a respectiva quantidade de ouro que cada um de nossos personagens possuíam depositado no cofre do armazém de Lucas "banco" e os títulos passaram a ser como moedas de troca.

Nasceu então o dinheiro em papel.

Genial, não é mesmo!

Durante muito tempo o dinheiro em papel ficou indexado (vinculado) ao ouro e a prata como forma de garantir o real valor de um pedaço de papel.

Pois bem, como a realidade faz parte da história, não podemos nos esquecer da cobrança de impostos que não mudou muito, diga-se de passagem, é hora de adicionar mais um personagem.

O governo.

Responsável por cuidar do dinheiro pago em impostos gerado e calculado de acordo com a produtividade da população de uma nação, o governo decreta que devido ao volume de impostos arrecadados o uso do ouro e a prata como moeda corrente já não eram mais uma boa ideia, apesar do ouro e a prata continuarem com seus respectivos valores, foram tirados de circulação como moedas correntes.

Então o dinheiro tomou forma de moedas e papel vinculado à economia de cada país, sendo assim o governo passou a ter o poder de emitir sua própria moeda, o que pode nos ocasionar a temida inflação, explicarei nos próximos capítulos.

Enquanto estávamos na era de trocas de mercadorias, havia muito menos com que se preocupar, afinal o acordo era a troca de um produto pelo outro. A chegada do dinheiro em papel mudou toda essa situação, vamos entender como no próximo capítulo.

O PREÇO DO DINHEIRO

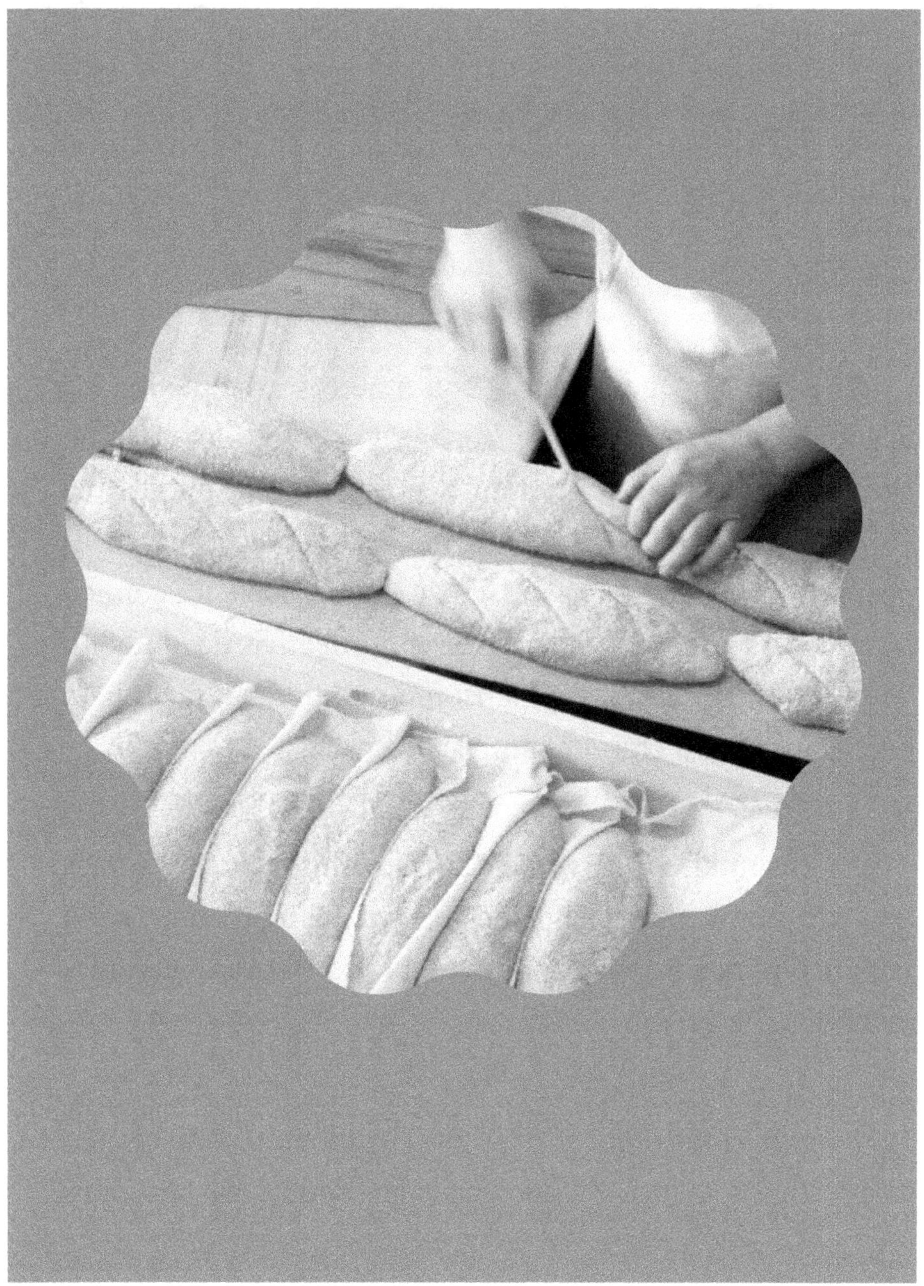

CAPÍTULO 2.

O PODER DA MULTIPLICAÇÃO

Lucas, o banqueiro continuou expandindo os negócios, esperto e atento aos movimentos do governo com a nova moeda corrente, continuou a guardar o dinheiro da população em seu banco, empolgado com as novas oportunidades e com crescimento socioeconômico de seu país e com uma quantia significativa de dinheiro depositado em seu banco, pensou o que poderia fazer para contribuir com o crescimento financeiro.

Consultou o governo e as legislações vigentes daquele momento chegando a um acordo que seria benéfico para a população, para o banco e para o governo, é claro!

Decidiram então que utilizariam o dinheiro para efetuar empréstimos para a população e produtores do país, criando assim a forma de multiplicação daquela quantia já depositada.

Então a cada 100 moedas depositadas em seu banco, Lucas às multiplicou em 10 vezes, isso porque concedeu empréstimos para 10 pessoas diferentes, aplicando a taxa de juros de 10% ao ano.

Vamos entender como isso é possível?

Através do cadastro de cada solicitante do empréstimo, era gerado um número de conta corrente, assim Lucas creditava o dinheiro em cada conta, criando um histórico financeiro para cada pessoa.

Lucas rapidamente contatou Júlio que ao saber da novidade pensou em aumentar ainda mais sua produção de batatas, solicitando ao banco 100 moedas de empréstimo, com uma taxa anual de 10%, da mesma forma fizeram os amigos produtores José e João.

No entanto com apenas 100 moedas depositadas Lucas concedeu empréstimos de 100 moedas a cada um de nossos personagens, totalizando 300 moedas.

Assim o banco passou a emitir talões de cheques ao invés das moedas propriamente dita, para Júlio e seus amigos produtores.

Júlio pagou o seu empréstimo no decorrer de um ano no valor total de 110 moedas. José demorou dois anos para pagar o seu empréstimo valor total de 121 moedas. E João passou por algumas dificuldades, demorando 3 anos para pagar o empréstimo, pagando uma quantia total de 133,1 moedas. Perceba que quanto maior o prazo de pagamento maior a quantia paga, isso devido a algo que chamamos de juros compostos. Sendo assim, Lucas obteve um lucro sobre o dinheiro emprestado na quantia de 64,1 moedas, e desse lucro ele terá que pagar 10% de impostos ao governo.

Observe que todos obtiveram benefícios dessa multiplicação do dinheiro, afinal Júlio, José e João conseguiram aumentar sua produtividade.

Olhando por outro lado Júlio, José e João vinham em um período de excelente safra com 100 moedas de sobra cada um, o que ao invés de depositarem o dinheiro em suas respectivas contas junto ao banco, resolveram emprestar o dinheiro para Lucas com a mesma taxa de

10% ao ano, mas veja que esse dinheiro ficaria em posse do banco por 3 anos.

Após esse período o resgate do dinheiro recebido foi a quantia de 133,1 moedas. Lucas, nessa transação pagou a quantia de 99,3 moedas de juros para nossos personagens, e o governo cobrou 10% de taxa de imposto sobre o lucro de cada um deles.

Mas veja que Lucas ao receber os empréstimos de nossos personagens, obteve o poder de multiplicar as 300 moedas com novos empréstimos concedidos para outros clientes.

Vejam a maneira simplificada que encontrei para transmitir esse conhecimento em linguagem simples e de fácil entendimento para um assunto complexo.

Se caso você sentiu dificuldade em entender, releia mais 10 vezes até compreender, assim será mais fácil entender os próximos capítulos onde explicarei sobre inflação, juros e a chave dos investimentos.

O PREÇO DO DINHEIRO

CAPÍTULO.3

O QUE É INFLAÇÃO?

O aumento da população e da procura por produtos dos nossos personagens, resultou no seguinte:

Júlio produzia 100 quilos de batatas, José 100 quilos de carnes e João 100 quilos de tomates, eles vendiam a preço de 1 moeda cada quilo de seus respectivos produtos, com o governo emitindo as respectivas moedas, a soma chegou ao valor de 300 moedas.

Porém, o governo passou a arrecadar 10% em impostos, equivalente a 30 moedas para pagar as despesas do governo. Assim funciona até os dias de hoje, através da arrecadação de impostos o governo se encarrega de fazer todas as benfeitorias necessárias para o país e para a população, tais como pavimentação, transporte público, ferrovias, rodovias, saúde, educação, entre outras, conduzindo o país para um crescimento contínuo.

No entanto, como a riqueza de um país é calculada através do que se é produzido, levando o nome de produto interno bruto (PIB), podemos entender que a riqueza do país de nossos personagens era de 300 moedas. Gerando a arrecadação de 30 moedas para o governo. Porém com 30 moedas arrecadadas o governo não conseguia realizar todas as benfeitorias necessárias para o crescimento do país, a dúvida é o que fazer?

O governo tem duas opções:

Aumentar o valor do imposto ou emitir mais moedas E o que podemos perceber até os dia atuais é que a opção escolhida a maioria das vezes pelo Governo é aumentar o imposto, no entanto o impacto gerado junto à população é um enorme desconforto, afinal todo aumento de imposto significa diminuição de dinheiro líquido, trazendo um sentimento de desconfiança e insatisfação para com o governo.

Ainda mais porque alguns benefícios e melhorias não são notados em um curto período, nem mesmo em um único mandato o que nos dias de hoje se estendem por 4 anos em sua maioria.

Por outro lado, aumentar o número de moedas emitidas tem por sua vez um outro impacto imperceptível junto à população, esta manobra diante da falta de conhecimento básico em economia acaba por trazer uma falta de compreensão na maioria, deixando-os sem entender a constante mudança dos preços de produtos e serviços no país.   Claro que diante de uma situação de gastos excessivos do governo, e a falta de recursos para arcar com seus compromissos, exigem também medidas rápidas, porém não tão eficaz, a emissão de um novo lote de moedas.

Essas ações acontecem com frequência causando uma instabilidade econômica, cada vez que um lote de moedas é emitido, uma dívida na mesma proporção é contraída pelo país emissor.

Digamos assim:

o governo optou por emitir um lote de 300 moedas, automaticamente adquiriu uma dívida, porém o governo não conseguiu investidores para lhe emprestar o valor emitido e agora o país passou a possuir 600 moedas.

Então será que a riqueza do país aumentou após a emissão?

Não! Nesse caso o país foi conduzido a um sistema inflacionário que se repete a cada emissão de novas moedas.

E como isso aconteceria no país dos fazendeiros?

Voltemos a nossa história exemplo:

O Governo emitiu 300 moedas, após essa atitude temos a seguinte situação:

Devido ao fato de não haver nenhum aumento na produtividade, mesmo após a emissão das novas 300 moedas, Júlio, José e João continuaram produzindo os mesmos 100 quilos de seus respectivos produtos.

Porém, o aumento da emissão de moedas teve como consequência a mudança no preço nesses produtos, onde cada quilo passou a custar o dobro do valor para o consumidor, custando 2 moedas para população, gerando um modelo de inflação. Por quê?

Lembra que mencionei anteriormente:

A riqueza do país é medida através da **produtividade**, não havendo aumento na produtividade, há uma destruição de riqueza ou podemos dizer, o poder de compra da população diminui, e a produtividade não evolui, gerando assim um modelo de inflação.

Vejamos outro modelo de inflação:

Lembra que Júlio produzia 100 quilos de batatas, José produzia 100 quilos de carnes e João produzia 100 quilos de tomates. Devido ao aumento da população, à procura por seus produtos subiram para níveis fora da capacidade de atendimento oferecida, não conseguindo atender a enorme demanda, os produtos começaram a faltar no mercado, sendo a única solução aumentar a produtividade.

Porém, isso inevitavelmente traria o aumento dos preços dos produtos, pois os produtores trabalhariam mais horas e teriam que contratar mais funcionários, repassando esses custos para o preço dos produtos.

Assim conforme a produtividade, o aumento e a procura continuam em crescimento, os preços são ajustados de acordo com a necessidade de seus produtores, levando em conta o aumento do custo de produção, a aquisição de novos equipamentos, entre outras medidas para atender a demanda, vamos entender esse processo no exemplo abaixo:

Digamos que o aumento da produção foi 200%, ou seja, Júlio, José e João passaram a produzir 300 quilos, de seus respectivos produtos e o preço repassado para a população obteve um acréscimo de 100%, no entanto o preço de cada quilo de batatas, carnes e tomates passaram a ser de 2 moedas, sendo assim cada produtor possui o valor de 600 moedas em produtos produzidos.

O país assume um novo patamar de riqueza, o equivalente a 1800 moedas assumindo assim o PIB (Produto Interno Bruto) de 1800 moedas, porém o aumento do PIB (Produto Interno Bruto) não significa que a população obteve um aumento em sua renda, apesar do aumento da riqueza do país que passa a arrecadar um valor maior em impostos, o aumento de preços ainda é uma questão a se resolver.

Isso porque ainda assim o poder de compra da população foi diminuído devido a inflação, que como mencionei anteriormente é e sempre será o maior destruidor de riqueza.

O aumento do consumo conduziu a uma alta taxa de inflação, preocupado o governo implementa taxas de juros.

Vamos ver como isso funciona no próximo capítulo.

O PREÇO DO DINHEIRO

CAPÍTULO 4.

JUROS

Juros, palavra assustadora muito conhecida, porém pouco compreendida, pois a maior parte da população não sabe como funciona o mecanismo econômico por traz desta palavra, o verdadeiro significado é simples e objetivo, o conceito de "juros" simplesmente é a remuneração de alguém que emprestou uma quantia de dinheiro a um determinado período ou a obrigação de quem deteve um empréstimo por um determinado período com uma taxa de juros acordada entre as partes

À medida que uma pessoa obtém empréstimos é legítimo que quem emprestou seja remunerado. A partir do momento em que a pessoa passa obter empréstimos é preciso ter em mente que esse será pago de acordo com sua remuneração, no entanto existem diversas formas em que o juros pode ser calculado, nesse caso é importante que o retentor fique atento para não se assustar com as cobranças posteriores.

Vamos aos métodos de juros:

JUROS SIMPLES

EXEMPLO:

Júlio obteve o empréstimo de 100 moedas, a uma taxa de 10 % ao ano no prazo de pagamento de 3 anos.

Júlio pagou o valor de 43 moedas no primeiro ano, sendo que 33 moedas abatidas no valor da dívida e 10 moedas correspondente ao valor dos juros, restando assim 67 moedas de dívida para o segundo ano.

No segundo ano Júlio pagou 40,2 moedas, sendo 33,5 moedas abatidas no valor da dívida e 6,7 de juros referente ao valor restante da dívida, e no terceiro ano Júlio pagou a dívida em um valor de 37 moedas sendo 33,5 descontadas ao valor do empréstimo e 3,5 eram referentes aos juros.

Podemos perceber que o valor da taxa de juros continua 10% ao ano, no entanto, o valor pago referente ao valor do empréstimo é abatido (amortizado) a cada pagamento, sendo assim a taxa de juros somente é aplicada ao montante que ainda será pago. Esta forma de cálculo é conhecida por juros simples, às vezes concedida apenas para empresas.

O PREÇO DO DINHEIRO

O PREÇO DO DINHEIRO

O PREÇO DO DINHEIRO

JUROS FLUTUANTES E TAXAS VARIÁVEIS

Neste caso, a pessoa que pretende obter um empréstimo deve tomar algumas precauções, devido a variação da taxa de juros não dependerem somente do banco, e sim de um ambiente econômico, o qual a política monetária do governo possa vir adotar novas estratégias para lidar com a inflação em determinados setores, a taxa será indexada (vinculada) podendo haver um aumento muito superior da mesma, deixando o detentor sem possibilidades reais de pagamento.

EXEMPLO:

José obteve 100 moedas de empréstimo visando o aumento do rebanho, decidiu aumentar o tamanho de sua fazenda, negociou um prazo de 10 anos para pagar o empréstimo a uma taxa flutuante que no momento acordado estava em 6% no primeiro ano. José pagou 16 moedas sendo 10 moedas no valor principal e 6 moedas de taxa de juros.

No ano seguinte devido a inflação a taxa de juros subiu para 10 %, então José pagou 20 moedas, sendo 10 moedas do valor total e mais 10 moedas de taxa de juros. No entanto percebemos que os juros foram calculados no valor total da dívida, não havendo abatimento no montante pago, no ano seguinte houve uma crise política e um impacto significativo na taxa de juros que foi elevada para 20%.

Desta forma José precisou pagar um valor de 30 moedas, sendo 10 moedas do valor da dívida e 20 moedas referentes a taxa de juros aplicada no período, e assim será até o final do período.

Sem saber o valor exato do montante a ser pago José não poderá se programar nos próximos anos e poderá passar por sérias dificuldades.

Porém, José teria uma opção, a de liquidar o valor da dívida em uma só vez, caso possuísse o valor integral da dívida em mãos, sem precisar pagar juros por todo período restante.

O PREÇO DO DINHEIRO

JUROS COMPOSTOS

Segundo Albert Einstein, juros compostos foi uma das grandes maravilhas do mundo, o maior vilão das pessoas que tomam o empréstimo, e o melhor funcionário de quem empresta.

Este é o método mais comum em se obter um empréstimo, afinal todas as pessoas que emprestam dinheiro querem ser bem remuneradas, os juros compostos passam a ser multiplicador de riqueza para os emprestadores, por outro lado um vilão a quem o toma emprestado, podendo ocasionar sérias consequência.

EXEMPLO:

João pegou 100 moedas emprestado com uma taxa de 10% ao ano, por um período de 5 anos para investir na comprar de uma máquina de processar tomates, sem orientação e conhecimento desse modo de empréstimo, João escolheu este método como forma de pagamento por saber exatamente o valor que pagaria em cada parcela, enfim o quanto pagaria anualmente até o final do período de 5 anos. Por esse lado é bom saber a quantia que João disporia para cumprir com o seu compromisso.

Porém a grande armadilha que João sofreu foi que ele se concentrou apenas no valor das parcelas que pagaria, no entanto se João tivesse tido o cuidado de calcular o valor total, veria que o valor a ser pago era extremamente alto.

O que aconteceu?

Vamos analisar o método do cálculo utilizado:
Primeiro, calculou-se o valor total:

$$100 + 10\% = 110 + 10\% = 121 + 10\% = 133,1 + 10\%$$

$$= 146,41 + 10\% = 161.051 / 5$$

Dividindo o valor total pelo tempo estimado para o cumprimento de suas obrigações, chegamos à quantia exata de 32,21 moedas ao ano. Sendo assim, João terá o compromisso de efetuar esse pagamento junto ao banco de Lucas nos próximos 5 anos.

Observe que João se concentrou somente no valor da parcela a qual ele pagará, o valor total passou despercebido por ele, sendo assim João pagará a quantia de 61% a mais do valor total do empréstimo em juros.

CONCLUSÃO:

Independentemente do método escolhido, existem dois lados: a parte que recebe e a parte que paga.

Porém sempre podemos utilizar os dois:

Método Pagador e Método Recebedor

neste e-book o objetivo é conhecer sobre juros, o lado dos recebedores indico você a fazer o meu curso de investimento, acesse o link disponível aqui, aproveite essa oportunidade para aprender a usar os juros a seu favor e fazer diferente de João.

www.qualitativoequantitativo.com.br

O PREÇO DO DINHEIRO

CAPÍTULO 5.

RELAÇÃO JUROS E INFLAÇÃO

O aumento contínuo e desenfreado da inflação tem o papel de destruir riqueza como foi dito em outro capítulo. O grande desafio é obter um rendimento acima da inflação, a fim da população não perder o poder de compra.

Como funciona:

Júlio vende um quilo de batatas por 1 moeda. Um ano mais tarde o mesmo 1 quilo de batatas está sendo vendido a 1,5 de moedas, assim havendo um aumento de 50% no quilo das batatas, porém Júlio ao vender suas batatas conseguiu manter o seu padrão de vida igual ao ano anterior.

Diferentemente, Luiz que não obteve um aumento correspondente em seus ganhos, passou a pagar 50% a mais do que estava acostumado em suas despesas, gerando uma dificuldade financeira.

As economias de Luiz, produzida por seu trabalho eram o suficiente para suprir apenas 6 meses de suas despesas fixas, muito preocupado com a situação e com medo de sua família passar necessidade, procurou outros meios de conseguir dinheiro.

Porém a alternativa buscada por Luiz foi a mais comum entre a maioria da população, utilização de cartão de crédito, cheque especial ou empréstimos bancários, principalmente o crédito pré-aprovado tornando o processo rápido e tentador. Um hábito não saudável adotado pela maioria da sociedade, aumentando o descontrole da economia doméstica, desafiando as decisões e tornando normal gastar mais do que se recebe.

O consumo desenfreado muitas vezes adquiridos por impulso causam um desequilíbrio no orçamento de curto prazo. Devo alertar que utilizar recursos de terceiros para efetuar compras e aquisições de bens, pode ser simples e fácil, porém usá-los para a troca de produtos como carros, televisões, motocicletas, celulares entre outros, levam a população a contrair dívidas e passarem por grandes dificuldades financeiras se não bem planejadas.

A maior procura de produtos, ocasiona inevitavelmente, o aumento dos preços. Sempre que há uma situação de alta inflação o governo precisa intervir com a iniciativa de tentar diminuir o consumo implementando uma política monetária de juros com taxas acima da inflação.

Emitindo moedas (títulos de dívidas) mencionado no capítulo 2.

O governo oferece esses títulos como forma de empréstimo, neste caso o dinheiro da população é emprestado ao Governo sobre uma taxa de juros referente ao montante. Essa iniciativa tem o objetivo de tentar diminuir o consumo até que os preços voltem a patamares normais. Desta forma passar a emprestar dinheiro para o governo se torna bastante viável, pois o governo passa a pagar juros referente ao montante emprestado, sendo assim um tipo de investimento conservador.

A política adotada funciona por um tempo, mas não muito longo, devido a grande maioria da população não estarem atentas a esses eventos econômicos, muitas vezes por falta de conhecimento a situação acaba saindo do controle novamente e o ciclo se repete de novo, de novo e de novo.

No entanto, o contrário também pode acontecer, passando por um período de recesso, baixo crescimento, pouca arrecadação de impostos, o Governo opta por uma postura inversa, tentando incentivar a população a consumir mais, o Governo decide baixar a taxa básica de juros, os investidores escolhem que não é mais um negócio lucrativo manter o dinheiro emprestado para o Governo, já que a remuneração seria diminuída.

A opção pelo resgate é uma alternativa bem recorrente, assim os investidores passam a utilizar seus recursos de outras formas, comprando novos produtos ou até mesmo adquirindo investimentos mais rentáveis naquele momento.

O verdadeiro motivo dessa manobra é incentivar o crescimento da economia aumentando o consumo, estimulando novos créditos e aquisições de empréstimos. Porém a desinformação acaba por ocasionar dívidas.

Você leitor que chegou até aqui considere-se privilegiado, apenas 10% da população mundial possui essas informações, praticando investimentos de forma lucrativa e conquistando sua independência financeira.

FICOU CURIOSO?

QUER ENTENDER OS INVESTIMENTOS?

SE VOCÊ PERCEBEU A OPORTUNIDADE QUE ESTOU LHE OFERECENDO, ADQUIRA MEU CURSO DE INVESTIMENTOS EM AÇÕES:

*** RENDA VARIÁVEL***

ACESSE O LINK, ADQUIRA O CURSO AGORA MESMO E GANHE UM SUPER
BÔNUS.

www.qualitativoequantitativo.com.br

(E-BOOK - EDUCAÇÃO FINANCEIRA)

CAPÍTULO 6.

BALANÇA COMERCIAL

Agora vamos entrar em conhecimentos básicos de balança comercial que por definição é a relação entre o número de importação e exportação, executado pelo país.

Com ajuda de nossos personagens vamos entender como isso tudo funciona:

Roberto era um viajante que em uma de suas viagens chegou ao armazém de Luiz. Notou que no armazém havia uma abundante quantidade de carne, batatas e tomates, o seu tino comercial aguçado estralou em sua mente, e Roberto percebendo uma possibilidade de oferecer seus produtos.

Então em uma conversa entusiasmada com Luiz seguiu falando de suas plantações de bananas e laranjas, logo convidando-o para fazer uma visita em seu país intencionando o início de uma lucrativa parceria.

Chegando ao país de Roberto, Luiz ficou impressionado com a abundante plantação de laranjas e bananas começou a questionar Roberto como eram feitos os cultivos dessas maravilhosas frutas.

Roberto explicou como trabalhavam intensamente para produzir as frutas visando excelente qualidade. A utilização de bons adubos e o sistema de irrigação que irrigava às plantações três vezes ao dia devido ao solo seco que também se destacava pela impossibilidade da criação de gado, por isso não produziam carnes.

Então Luiz pensou na possibilidade de um acordo entre os países começar a comercializar os produtos. Luiz e Roberto, empolgados com a possibilidade quiseram saber mais como seria isso. Roberto explicou a Luiz que o dinheiro do meu país é diferente do seu, um acordo entre os países seria feito pelo Governo autorizando as transações.

Os bancos trocarão as moedas e nós compraremos as moedas do banco, a quantidade de moedas que queremos utilizar, após efetuar o câmbio podemos começar nossos negócios. Explicou Roberto.

Luiz entusiasmado levou a proposta para o governo de seu país que ficou muito interessado aprovando o acordo. Luiz então conversou com Lucas para logo iniciarem o processo de compra de moedas estrangeiras em seu banco, emitida pelo país de Roberto

Luiz levou a proposta a Júlio que se interessou prontamente a começar a exportar suas batatas, da mesma forma José ficou muito empolgado em exportas cortes de carne para o país de Roberto, e João com os tomates também aceitou o acordo, logo Luiz procurou Roberto para começar a tratar os negócios.

Assim Roberto realizou a primeira importação, encomendou então 30 quilos de carne, 20 quilos de batatas e 10 quilos de tomate, realizando um total de compra de 60 moedas do país de Luiz, da mesma forma Luiz já estava com sua intenção de compra em mãos e efetuou o pedido de 30 quilos de laranja e 20 quilos de bananas, totalizando o montante de 50 moedas, sendo assim houve o volume de 110 moedas concluindo a primeiro negócio entre os países de Luiz e Roberto.

Assim a balança comercial foi calculada da seguinte forma: o país de Júlio exportou 60 quilos de alimento a uma quantia de 60 moedas e importou 50 quilos a uma quantia equivalente a 50 moedas, sendo assim a balança comercial ficou em 10 moedas positivo devido ao número de exportação ter sido maior que o de importação.

No caso do país de Roberto a balança comercial ficou 10 moedas negativas já que o país importou uma quantidade maior do que a de exportação. Dessa forma fica mais fácil entender as relações comerciais entre os países.

A balança comercial tem grande influência na variação cambial, as taxas de importação e exportação fazem com que as empresas exportadoras e importadoras efetuem a troca de moedas no MERCADO FOREING EXCHANGE, movimentando o mercado cambial, popularmente conhecido como FOREX este conhecimento traz clareza em escolher investimentos, optar por empresas importadoras e exportadoras ou empresas que concentram os negócios em território nacional.

Bem, meu comprometimento com você leitor em desvendar de forma simples os pilares da economia te trazendo uma compressão abrangente para continuar seus aprendizados está quase concluído.

Portanto vamos passar para a fase na qual tenho certeza, que você irá se surpreender de como você está vendo economia e finanças depois dessa leitura.

Empolgados para seguir para o próximo passo?

CAPÍTULO 7.

O PREÇO DO DINHEIRO

Sabemos que a inflação tira o poder de compra com o passar do tempo, agora a sua missão leitor (a) é direcionar suas atenções aos movimentos econômicos realizados pelo Governo para que possa buscar as formas de rendimentos que superem a inflação, podemos afirmar que o real valor do seu dinheiro é a diferença entre a taxa básica de juros em relação a inflação.

Pense da seguinte forma, a inflação é calculada através de produtos básicos de consumo, entre esses produtos estão arroz, feijão, óleo, farinha, enfim os principais produtos de cesta básica.

Mensalmente esses produtos sofrem alterações nos preços e é feito o cálculo da média anual, falando em um valor de 6% de inflação ao ano. Sendo que na outra ponta a taxa básica de juros é de 10% ao ano, portanto o real valor do dinheiro é a diferença entre a inflação e a taxa básica de juros, ou seja: 10 % - 6 % = 4 % de juros real.

Entenda que a taxa básica de juros é utilizada como referência por bancos e outras instituições financeiras como base de cálculo para efetuar empréstimos.

No entanto existem dezenas de opções de empréstimos oferecidos por instituições financeiras na maioria, não seguem a taxa básica.

Empréstimos como cheque especial e juros de cartão de crédito, chegam a taxas de 15 % ao mês, equivalendo a 534% de juros ao ano, e dependendo do valor do empréstimo adquirido torna- se uma dívida impagável após 2 ou 3 anos.

EXEMPLO:

Obtendo 100 moedas no cheque especial ou no cartão de crédito com a taxa de juros a 15% ao mês, após um ano o valor total da dívida ficaria em 634 moedas. Mas se aplicarmos a taxa básica de juros em 10% ao ano, a dívida seria o montante de apenas 110 moeda

USE OS JUROS AO SEU FAVOR!

Quando emprestamos dinheiro para o banco a taxa é calculada em cima da taxa básica de juros, porém o objetivo do investidor é uma remuneração acima da inflação, sendo assim com a inflação de 6% ao ano e a taxa básica de juros de 10% ao ano, o valor do dinheiro do investidor é de 4% de juros ao ano.

EXEMPLO:

Júlio vende 1quilo de batatas a 1 moeda, após um ano devido a inflação o quilo de batatas passa a ser vendido a 1.06 moedas.

Luiz fez um investimento de 1 moeda com a taxa de juros a 10% ao ano, depois de um ano Luiz obteve o valor de 1,1 moedas, sendo assim, não houve destruição de riqueza, muito pelo contrário, Luiz conseguirá comprar 1 quilo de batatas e ainda lhe sobrará 0,04 moedas.

Depois que você entendeu que o preço do dinheiro nada mais é que a taxa de juros, a diferença é que você utilizará desse conhecimento para avaliar grandes decisões a partir de hoje em sua vida, conduzindo-o ao caminho da felicidade.

O mundo dos investimentos é um eterno aprendizado. Estou feliz em contribuir para sua caminhada, considerando o conteúdo deste e-book fundamental para os seus passos rumo a liberdade.

Tenho convicta certeza de tudo o que o leitor e leitora acaba de estudar será de suma importância, acredito que esse conhecimento o fará pensar diferente com infinitas possibilidades em alcançar sua independência financeira.

AGORA CONVINDO VOCÊ A DAR O
PRÓXIMO PASSO RUMO AOS
CONHECIMENTOS DO MUNDO DOS
INVESTIMENTOS.

VOU TE MOSTRAR UM GRANDE
POTENCIAL PARA MULTIPLICAR
SEU PATRIMÔNIO ACESSE O SITE

www.qualitativoequantitativo.com.br

O PREÇO DO DINHEIRO

AGRADECIMENTOS

A vida é construída através de parcerias algumas com curta duração, porém não menos importante, outras mais extensas, mais duradouras e extremamente importante. Há quase duas décadas estou com minha companheira, parceira Márcia, unidos formamos uma família feliz e divertida, passamos por todas as dificuldades juntos, sempre juntos, dificuldade essas fundamentais para nossa evolução. Considero essa obra uma criação da minha linda esposa, responsável por boa parte desse meu projeto, se dedicando a correção e diagramação, na prática um projeto que todos nós trabalhamos unidos para realiza-lo, agradeço ao nosso filho Yago, pacientemente me guiou na área de tecnologia e ao nosso filho Victor gentilmente nos oferecia cafés nas prolongadas noites à dentro nas quais dispomos para executar esse trabalho. Muito obrigado a todos os envolvidos nesta obra diretamente ou indiretamente. Agradeço a minha mãe e ao meu falecido pai que me ensinaram a integridade e sempre me apoiaram, incentivando a nunca desistir dos meus sonhos por mais gigantes que fossem, por mais inalcançáveis que parecessem.

A você leitor toda minha gratidão, sou feliz e agradecido por esse incentivo, espero que ilumine seu caminho rumo ao sucesso financeiro, assim como clareou o meu.

Edinho Neves

Qualitativo & Quantitativo
@edinho.neves
@qualitativoequantitativo
Edinho Neves
CURSOS
www.qualitativoequantitativo.com.br